MÉMOIRE

POUR

M. Eugène GIRARD

Propriétaire, Membre du Conseil général de la Sarthe, ancien Maire de Bonnétable

Demandeur — Me Cordelet, avoué.

CONTRE

M. PETIT

Gérant du journal l'**Union de la Sarthe**

Défendeur

PARIS

TYPOGRAPHIE ET LITHOGRAPHIE Ves RENOU, MAULDE ET COCK

144, rue de Rivoli, 144

1874

TRIBUNAL CIVIL
DU MANS

MÉMOIRE

POUR

M. EUGÈNE GIRARD

Propriétaire, Membre du Conseil général de la Sarthe, ancien Maire de Bonnétable

Demandeur — Me CORDELET, avoué.

CONTRE

M. PETIT

Gérant du journal l'*Union de la Sarthe*

Défendeur

M. Eugène Girard a été nommé maire de la ville de Bonnétable, le 29 septembre 1870.

Paris était investi.

L'ennemi s'avançait vers l'ouest; on allait se trouver aux prises avec l'invasion.

Il fallait peut-être quelque courage et quelque dévouement à l'intérêt public pour accepter les fonctions de maire au milieu de pareils désastres.

Comment M. Eugène Girard s'est-il acquitté de la tâche qu'il avait acceptée?

Ce n'est pas à lui qu'il appartient de le dire.

Il ne peut que rappeler les témoignages d'estime et de satisfaction qu'il a reçus de ses concitoyens.

Lorsque les Conseils municipaux élus succédèrent aux Commissions instituées pendant l'invasion, M. Girard fut élu, le premier, membre du Conseil municipal de Bonnétable et ce Conseil le maintint dans ses fonctions de maire.

Au mois de février 1874, en vertu de la loi du 20 janvier, un décret, contresigné par M. le duc de Broglie, nommait M. Gourdeau maire de Bonnétable, en remplacement de M. Girard.

Dans la séance du Conseil municipal du 13 février 1874, où le nouveau maire fut installé, l'adresse suivante fut votée *à l'unanimité.*

Le Conseil municipal, plein de respect pour les décisions de l'Assemblée nationale souveraine et de déférence pour M. le président de la République française, croirait manquer à ses devoirs envers la ville qu'il représente, s'il ne rendait pas un témoignage public de sa reconnaissance envers M. Girard, son ancien maire, pour tout le dévouement qu'il a montré pendant les jours douloureux de l'invasion allemande, alors que la ville était éprouvée par tous les maux qui précèdent et accompagnent la guerre, les épidémies, la misère et l'absence de travail pour la classe ouvrière. Il se rappelle avec bonheur que M. Girard s'est constamment tenu à la hauteur de la rude mission qui lui avait été dévolue, qu'il a su par ses efforts et son énergie arrêter les horreurs du pillage et rendre moins onéreuse la présence, pendant deux mois, des troupes ennemies à Bonnétable; il se croit l'interprète de toute la ville, en lui offrant, avec ses remerciments, l'expression de sa profonde gratitude et ses regrets de le voir quitter un poste où il avait rendu tant de services. »

Nous vivons dans un temps où l'on parle beaucoup de la trève des partis. En réalité, jamais les partis n'ont été plus acharnés les uns contre les autres et moins scrupuleux sur le choix des moyens qu'ils emploient.

M. Girard a des ennemis politiques qui ne peuvent lui pardonner ni ses opinions, ni les services qu'il a rendus à son pays, ni l'honneur que lui ont fait ses concitoyens en lui accordant leurs suffrages.

Ils se sont adressés au journal l'*Union de la Sarthe*.

Ce journal a publié, le 17 mai 1874, l'article diffamatoire et calomnieux dont voici le texte :

UNE ADMINISTRATION RÉPUBLICAINE

Nous recevons de Bonnétable une lettre fort longue qui nous donne des détails peu édifiants sur l'administration de l'ancien maire républicain de cette commune ; on y exprime surtout une vive joie d'être débarrassé de ce favori des radicaux.

Ce brave citoyen répond au doux nom de Girard. Aux élections municipales de 1870, sur 1,020 votants, il obtint 268 voix. Ce maigre succès détermina le préfet du 4 septembre à faire triompher la minorité de Bonnétable en imposant à la majorité une commission municipale dont M. Girard était à la fois le chef et l'un des plus beaux ornements.

La lettre qui nous est adressée entre dans des détails excessivement curieux sur les faits et gestes accomplis par M. Girard et sa docile compagnie ; nous ne pouvons, à notre grand regret, qu'en publier une faible partie.

« L'administration à laquelle succédait M. Girard, raconte notre honorable correspondant, laissait dans la caisse municipale un excédant de recettes de

220 fr. sur le budget additionnel de 1870, 1,026 fr. sur le budget primitif de 1871. Ces diverses sommes, outre un emprunt de 4,000 fr., ont fondu entre les mains de nos administrateurs septembristes pour payer des réquisitions et des créations particulièrement, sinon uniquement utiles à leurs amis.

« La situation de l'hospice, très-prospère sous l'ancien maire, est tombée dans un état déplorable sous la direction de nos républicains ; on parle d'un déficit de 1,630 fr. environ.

« La commission de charité avait encaissé, avant l'avénement funeste de M. Girard, une somme de 2,926 fr., produit d'une souscription des habitants, pour venir en aide aux indigents spécialement secourus par cette commission. M. le duc de Larochefoucauld-Bisaccia faisait distribuer aussi des secours importants. Qu'est-il arrivé cependant?

« Au 1er janvier 1871, la caisse de la commission de charité devait aux boulangers une somme de 2,326 fr., qui, au milieu du mois de mars suivant, s'était augmentée de 1,350 fr.

« Il semblait naturel que M. Girard devait au moins verser en à-compte aux boulangers cette belle souscription de 2,920 fr. ; il n'en a rien fait. Voici la curieuse aventure survenue à ce sujet. Je vous la raconte, parce que personne ne l'ignore plus chez nous.

« M. Girard, maire de Bonnétable par la grâce de la République, confie ces 2,920 fr. des pauvres gens à un de ses amis, M. L..., directeur d'une Société financière. Cette institution fit de mauvaises affaires, et le syndic de la faillite ne reconnaît pas le dépôt de M. Girard, lequel l'actionne près du Tribunal de commerce du Mans. Le Tribunal déboute notre maire de sa demande et le laisse responsable de la somme imprudemment confiée à son ami.

« Qui donc rendra aux pauvres gens de Bonnétable l'argent qui leur est ainsi enlevé? Est-ce que M. Girard ne devrait pas s'empresser de délier sa bourse? Ce serait un moyen si facile et si naturel de réparer sa faute.

« Cependant rendons justice aux héritiers de M. L... Ils ont remis à M. Girard une somme de 623 francs Est-ce un à-compte ou une simple fiche de consolation? Qui payera la différence, les héritiers de M. L... ou bien M. notre ancien maire républicain — dont M. le préfet nous a si heureusement débarrassés?

« La question mérite d'être éclaircie. »

Chose singulière! M. Girard qui gérait les intérêts de la commune en vrai patriote, — c'est-à-dire de la plus piteuse façon, — s'entendait très-bien à tirer son épingle du jeu.

« A l'époque de l'invasion prussienne, M. Girard fut réquisitionné comme tout le monde; de sa propre main, il s'inscrivit sur la liste des réclamations pour trois articles : Prêt à la ville, 178 fr. 43 c.; foin, 10 fr. 50 c.; une belle voiture (*sic*), 1,250 francs ; au total : 1,438 fr. 33 c., que le brave homme se vante d'avoir reçus intégralement, *tandis que les autres personnes pillées ont été indemnisées seulement dans la proportion de 20 ou 25 pour 100 de leur perte.*

« Interpellé publiquement sur ce fait *scandaleux* dans la séance du conseil municipal de lundi dernier, 11 mai, *M. Girard a refusé de fournir des explications.* »

....

Nous n'affaiblirons pas ce récit en y joignant des commentaires; ils seraient d'ailleurs superflus. On comprend assez que les républicains, transformés en administrateurs municipaux, en conducteurs d'armée ou en gouverneurs de peuple, s'entendent merveilleusement à produire la détresse et ne s'entendent qu'à cela.

M. Girard n'a pas cru qu'il lui fût possible de laisser passer un pareil article sans le déférer au Tribunal.

Cet article, en effet, s'attaquait non-seulement à son administration comme maire, à l'œuvre qu'il a accomplie avec le concours du Conseil municipal; il s'attaquait à son honneur.

Le reproche formulé contre lui était des plus graves. On osait prétendre que, profitant de sa situation de maire, il s'était soustrait aux charges communes;

Qu'il avait été indemnisé autrement que les autres habitants de la commune, des pertes qu'il avait subies ;

Qu'en un mot, il s'était fait, avec la connivence du Conseil, une situation privilégiée.

Il lui fallait une démonstration éclatante de la fausseté de cette accusation.

Il a saisi le Tribunal, non pas par la voie d'une citation en police correctionnelle pour diffamation.

C'est une demande civile, en dommages-intérêts qu'il a formée, afin que, de chaque côté, on puisse tout dire et tout publier.

Honnête homme, injustement outragé, il demande une réparation publique, et il la demande à la justice.

La réparation accordée par un adversaire peut être suspectée dans ses motifs.

Celle qui résulte d'un jugement est inattaquable, comme la justice elle-même.

La réparation que M. Girard ne voulait pas demander directement au journal qui l'avait outragé, il le mettait cependant en mesure de la faire spontanément, car, dès le 27 mai, le journal *l'Avenir* insérait, à sa demande, la réponse suivante :

Bonnétable, le 23 mai 1874.

Je vous prie de vouloir bien reproduire dans vos colonnes ma réponse à un article dirigé contre moi dans le numéro de l'*Union de la Sarthe* du 17 mai courant et publié sous ce titre : *Une Administration républicaine.*

1° Le journal l'*Union* m'impute d'avoir déposé à la banque L... une somme de 2,920 francs, provenant d'une souscription en faveur des pauvres, sur laquelle, après un procès perdu par moi devant le Tribunal de commerce, les héritiers L... m'auraient remis une somme de 623 francs.

Il n'est pas vrai que le dépôt ait été fait par moi. Il n'est pas plus vrai que j'aie fait un procès au syndic de la faillite L..., ni qu'une somme de 623 francs m'ait été remise par les héritiers L...

C'est le trésorier de la commission de charité, à qui la somme avait été confiée, qui a fait le dépôt à la banque L... Le reçu a été délivré en son nom. C'est le trésorier qui a poursuivi devant le Tribunal civil le liquidateur de la maison L... et non le syndic d'une faillite qui n'a jamais été déclarée.— C'est donc le trésorier qui a été débouté de sa demande. C'est lui qui a reçu de la succession L... les 625 francs.

« 2° Un emprunt de 4,000 francs, dit l'*Union*, a fondu entre les mains des administrateurs septembristes. »

Personne à Bonnétable, n'en déplaise au rédacteur de l'*Union*, n'a jamais entendu parler de cet emprunt. Cette somme est aussi fantastique que les 4 ou 5,000 francs de boni que le maire actuel croyait avoir sur le budget additionnel de 1874, boni qui s'est changé en un déficit réel de 520 francs.

3° J'aurais refusé, dit encore l'*Union*, de répondre à l'interpellation faite dans le sein du Conseil, par un membre qui me demandait si ma voiture avait été réquisitionnée ou pillée, c'est-à-dire pourquoi j'avais été intégralement payé du prix de cette voiture, soit 1,250 francs, alors que je n'aurais dû toucher que 20 ou 25 pour 100, comme les autres personnes pillées, soit environ 250 francs.

Ici, pour toute réponse, il me suffira de reproduire la partie du procès-verbal de la séance du 11 mai, relative à cet incident.

(*N. B.* L'invasion a eu lieu le 10 janvier à Bonnétable.)

« *M. Cohin, vétérinaire.* — Je demande à adresser une question à M. Girard,
« et je désire que ma demande soit insérée au procès-verbal. Voici ma question :
« Pourquoi M. Girard a-t-il porté sa voiture au nombre des réquisitions
« faites par le maire ? »

« *Le président.* — J'ai entendu plusieurs personnes m'adresser la même
« demande.

« *M. Girard.* — On entend tout ce qu'on veut.
« Puis, s'adressant directement à M. Cohin : Je remercie M. Cohin d'avoir bien
« voulu porter au grand jour cette accusation. Ma réponse sera bien simple :

« Ma voiture a été portée aux réquisitions parce qu'elle a été réquisitionnée, — « C'était la seconde fois qu'elle l'était. Ces faits se sont passés dans les sept « premiers jours de l'invasion, au moment où le commandant de place, avec « son aide de camp, logeait chez moi. Une première fois, ai-je dit, ma voiture « a été réquisitionnée pour un officier blessé, soigné au château; elle a été « ramenée chez M. Bazoge, de la *Tête-Noire*, où je l'ai fait prendre et remiser « chez moi; deux jours après, elle a été réquisitionnée pour deux nouveaux offi- « ciers allemands; j'ai réquisitionné, pour être attelé à ma voiture, le cheval « de M. Desmazis, etc. — C'est M. Courcier (François), garçon d'écurie à la « *Corne*, qui a conduit à la Ferté-Bernard, puis à Chartres, ces deux officiers.

« Le bon de réquisition, pour ma voiture, est signé par M. Paumier, pre- « mier adjoint, et le bon est à nos archives; le bon de réquisition du cheval « de M. Desmazis est signé par moi et est également à nos archives.

« Une commission, dans le sein du Conseil municipal, a été nommée pour « vérifier ces réquisitions. Elle a fait son rapport, et le Conseil, par un vote « unanime, a sanctionné ses décisions. Nos procès-verbaux relatent tous ces « faits : voilà pourquoi la voiture de M. Girard a été payée sur l'emprunt « municipal comme toutes les autres réquisitions. »

« Au reste, bien d'autres voitures ont été réquisitionnées. — Celles de « MM. Mouton et Pannard, celle de Mme veuve Dugrais, celle de Bergeot, messa- « ger, et si l'une de ces voitures avait été gardée par les Allemands, il aurait « bien fallu la payer aussi. — J'ajoute que dans le courant de février 1871, ayant « cru reconnaître ma voiture dans la cour du *Lion-d'Or*, j'ai prié l'officier su- « périeur des cuirassiers blancs de vouloir bien me la rendre ; il me refusa net.

« *Un membre*. — On devrait remercier M. Girard d'avoir, de préférence, « réquisitionné sa voiture, au lieu de réquisitionner celle de M. Cohin ou « celle de M. Gourdeau, par exemple.

« *Un autre membre*. — Pourquoi M. Cohin a-t-il attendu si longtemps pour « formuler cette question? »

Je demande aux gens de bonne foi si l'*Union de la Sarthe* était autorisée à affirmer que j'avais refusé de fournir des explications ?

4° Enfin, l'*Union* ajoute :

« M. Girard a géré, comme républicain ou patriote, c'est-à-dire d'une manière déplorable les intérêts de la commune. »

Comparons donc les actes des deux administrateurs.

M. Gourdeau, entouré d'un conseil absolument dévoué, a été maire pendant huit années.

A quel chiffre se montent les créations nouvelles qu'il a faites dans la Commune?

Un réverbère et la couverture, en partie, d'un lavoir public, soit : 1,600 fr.

Quelles sont les créations nouvelles du maire républicain et patriote?

Les voici, pendant trois années seulement d'administration :

2,200 mètres de chemins vicinaux....................	7.200 fr.
Un préau à la salle d'asile..........................	800
Pavage du bas et du haut de la rue du Tripot............	600
Pavage en partie, bordures posées, trottoirs et caniveaux dans la rue des Bons-Enfants......................	3.600
Puits et pompe sur le parvis de l'église................	700
Remboursement sur l'emprunt Plessix...................	4.000
Avances aux ponts et chaussées pour travaux dans la rue nationale et grande rue; traverse de la route nationale 138 *bis*.......................................	3.000
(Notez que le budget est sensiblement le même.)	
Total.........	19.900 fr.

Voilà ce que l'*Union de la Sarthe* appelle du gaspillage et elle s'étonne que les électeurs se soient volontairement débarrassés de leur administration impériale.

Recevez, Monsieur le rédacteur en chef, l'assurance de ma considération très-distinguée.

GIRARD.

Ces explications étaient assez catégoriques pour que le rédacteur de l'*Union* reconnût qu'il avait été induit en erreur.

Il se serait honoré en avouant son tort.

Il préféra l'aggraver en continuant la polémique sur le terrain où il s'était placé, cédant évidemment, dans cette circonstance, aux tristes passions de ses correspondants.

Le 28 mai, il publiait l'article suivant :

Sous ce titre : *Une Administration républicaine*, nous avons publié, le 16 mai, une correspondance de Bonnétable, qui nous racontait *les..... errements* de M. Girard, l'ancien maire républicain de cette ville.

M. Girard a fait insérer hier, dans *l'Avenir radical*, une lettre d'explication plutôt que de réfutation. *Il s'excuse en racontant certains faits à sa manière, en renvoyant à d'autres la responsabilité des fautes commises et en épiloguant sur quelques menus détails qui ne changent pas grand' chose à son affaire.*

Plusieurs personnes honorables de Bonnétable sont venues nous attester l'exactitude des faits racontés par notre correspondant ; leur témoignage vaut-il mieux que les plaidoiries intéressées de M. Girard ?

Du reste, notre correspondant complétera, s'il le juge nécessaire, ses premiers renseignements *sur les détails, peu importants d'ailleurs, dont M. Girard conteste l'exactitude.*

Une bonne nouvelle, que nous trouvons ce soir dans *l'Avenir*, qui l'a trouvée dans *Le Siècle* :

M. Girard, ancien maire républicain de Bonnétable, membre du Conseil général de la Sarthe, vient d'intenter une action en diffamation contre *l'Union de la Sarthe*, à raison des attaques contenues dans le numéro de ce journal paru le 17 mai, sous le titre : *Une Administration républicaine.*

Jusqu'ici M. Girard ne nous a rien intenté.

Le 31 mai 1874, nouvel article de l'*Union intitulé :* NOTRE PROCÈS.

Le Siècle, qui est dans les secrets du citoyen Girard, avait ma foi raison.

L'ex-maire républicain de Bonnétable assigne notre gérant à comparaître mardi prochain devant le tribunal civil du Mans, pour avoir à répondre d'un article inséré dans le numéro de *l'Union de la Sarthe*, portant la date du 17 mai.

Cet article, traitait les mêmes questions que celui que l'on va lire sous ce titre : *Une Administration républicaine.*

D'après l'assignation, *l'auteur de l'article, c'est-à-dire notre correspondant de Bonnétable*, se serait livré à un système d'agression préméditée contre le citoyen Girard, en signalant les actes de son administration municipale.

Ceci ne doit étonner personne ; on sait, en effet, jusqu'à quel point les républicains poussent l'amour de la liberté et adorent qu'on leur dise leurs petites vérités ; ils crient contre le despotisme et les méfaits de la réaction, mais si la réaction porte un regard indiscret sur leurs faits et gestes, crac ! leur républicanisme s'alarme et leur tyrannie envoie les gendarmes ; ils n'aiment point que l'on contrôle leurs actes administratifs.

L'irascible M. Girard ne veut pas entendre parler de conciliation (c'est le papier timbré qui nous l'annonce); en revanche, il se montre très-modeste dans ses prétentions.

10,000 francs lui suffiront pour adoucir en son cœur l'amertume qu'y avaient mise nos révélations. Ils se déclarera complétement satisfait quand le jugement aura été inséré à nos frais dans les journaux du département de la Sarthe et dans un journal de Paris, à son choix.

On voit qu'il est impossible d'être plus accommodant. Il faut du reste tirer de ceci comme de toutes choses une petite morale, c'est que si les républicains aiment à battre la caisse, ils s'entendent aussi fort bien à battre monnaie..... à leur profit.

A la suite de cette note, se trouve, en effet, une longue lettre du correspondant anonyme de Bonnétable.

Ce correspondant, qui signe X..., reproduit le passage de l'article de l'*Avenir*, relatif à la réquisition de la voiture, et il ajoute :

M. Girard ne cite que le procès-verbal de la séance du Conseil municipal du 11 mars. Or, ce procès-verbal rapporte *d'une manière fantaisiste* les paroles de M. Cohin. Le secrétaire du Conseil, qui n'est autre que M. Girard lui-même, *s'est vu obligé, dans une séance suivante, de les rectifier.*

En voici le texte exact :

« J'aurais des explications à demander à M. Girard sur une somme de
« 1,250 francs qu'il aurait touchée pour prix d'une voiture réquisitionnée
« ou pillée par les Allemands. M. Girard a-t-il donné la voiture comme
« réquisition ou, comme une foule d'autres, n'a-t-il point été forcé de s'en
« dessaisir ? L'opinion publique désirerait avoir des explications à ce sujet.
« M. Girard ayant répondu qu'il n'avait pas d'explications à donner, c'est
« alors que je demandai l'insertion de mes dires au procès-verbal et de la
« réponse de M. Girard, qui finit par donnner les renseignements inscrits au
« procès-verbal. »

Ce langage diffère beaucoup de celui que M. Girard, secrétaire du Conseil, avait prêté à M. Cohin.

Quant à l'histoire de la voiture, la voici :

Deux officiers logés chez M. L... lui envoyèrent demander à la mairie la la voiture de M. Girard, sur laquelle ils avaient jeté leur dévolu, et de la leur amener devant l'hôtel du *Lion d'Or*. C'était le dimanche 14 janvier, quelques jours après la prise du Mans. Voilà la réquisition telle qu'elle fut faite, et, depuis lors, la voiture n'est pas revenue.

Maintenant, nous ne contestons nullement le bon de réquisition donné par M. Pommier, qui n'était pas plus alors premier adjoint que M. Girard n'était maire, mais seulement membre d'une commission municipale dont son ami était le président.

Enfin, nous nous permettrons une question à M. Girard : *Qui donc a estimé sa voiture* ? Ce n'était pas une calèche élégante comme celle où il promène actuellement ses grâces, hélas ! déjà vieillies, mais une espèce de dog-cart acheté vers 1860ou 1861, — si les souvenirs de Bonnétable sont fidèles, — et qui pouvait bien coûter, toute neuve, 1,500 francs. Vrai! 1,250 francs, c'est raide, après une dizaine d'années de service !

Le correspondant anonyme, M. X..., s'expliquant ensuite sur les travaux faits à Bonnétable pendant que M. Girard était maire, formule une nouvelle accusation :

Ces 2,200 mètres de chemins vicinaux, qui ont coûté 6,200 francs et dont M. Girard, républicain et patriote, se vante, sont ce que nous avons surnommé à Bonnétable, le chemin de Haute-Folie, sans allusion aucune, croyez-le bien, à la haute intelligence de notre ancien maire.

Ce chemin est particulièrement utile aux amis de M. Girard, et, pour être utile à ses amis, M. Girard l'a créé en abandonnant d'autres projets précédemment adoptés, pour lesquels des sommes étaient votées, et au risque de priver certaines parties importantes de notre commune de voies de communication convenables.

Afin que vous sachiez bien, Monsieur le rédacteur, et vos lecteurs aussi combien était utile la création du chemin de la Haute-Folie, dont se félicite M. Girard, veuillez lire l'appréciation suivante, extraite d'une lettre que le préfet républicain de la Sarthe, M. Lechevalier, adressait au maire républicain de Bonnétable :

« Vous m'avez informé, à la date du 19 novembre dernier, que la commission municipale avait voté, pour l'entreprise d'un chemin rural, un crédit de 6000 francs, primitivement affecté à l'ouverture d'une rue d'accès à la gare, qu'elle trouve moins importante et qui ne remplirait pas le but qu'elle veut atteindre, celui de donner du travail aux ouvriers inoccupés dont *les plaintes se font déjà entendre*. Vous m'avez demandé en même temps de vous indiquer le moyen d'obtenir l'autorisation d'établir un chantier dans le plus bref délai possible.

« L'ouverture du chemin rural dont il s'agit ne semble comporter pour Bonnétable aucun caractère d'urgence ni d'utilité générale. Cette voie, en effet, est comprise, jusqu'à la forêt, entre deux lignes de moyenne communication suivant une direction parallèle et à un kilomètre de distance, et n'intéresse, conséquemment, qu'un nombre assez restreint de propriétaires qui doivent, avant que la commune intervienne, participer aux frais de construction dans la mesure des avantages qu'elle doit leur procurer...

« Je crois, Monsieur le maire, qu'il n'y a pas lieu de revenir sur la délibération relative à la création d'une voie d'accès à la gare, autrement que pour en assurer l'exécution. »

Malgré ces raisons concluantes, données par un républicain à un républicain, M. Girard passa outre, et ses amis furent satisfaits.

. . . .

Nous sommes aujourd'hui devant le Tribunal.

Il ne nous convient de faire ni le panégyrique de l'administration de M. Girard, ni la critique de celles qui l'ont précédée ou suivie.

Une salle d'audience n'est pas une arène politique : nous ne l'oublierons pas.

Laissant les généralités qui peuvent prêter à toutes les appréciations dictées par l'esprit de parti, nous bornerons notre tâche à démontrer les points suivants :

1° Les faits publiés par l'*Union* sont contraires à la vérité ;

2° Le journal est en faute de les avoir publiés ;

3° Cette publication a causé à M. Girard un préjudice dont il lui est dû réparation.

C'est assez pour justifier notre demande.

§ 1er.

FAUSSETÉ DES FAITS PUBLIÉS PAR L'UNION.

PREMIER FAIT

Chemin de Haute-Fôlie.

En lisant l'article de l'*Union* du 31 mai 1874, on doit penser que ce nom singulier a été appliqué par la voix populaire au chemin en question pour signaler le caractère déraisonnable des travaux exécutés sur ce chemin pendant l'administration de M. Girard.

Il n'en est rien, et l'*Union* est ici victime d'une mauvaise plaisanterie de ses correspondants, qui vraiment ont trop d'esprit.

Le chemin, de temps immémorial, s'appelle le chemin de *Haute-Folie*. C'est son nom. Pourquoi? Nous l'ignorons. Mais M. Girard en est tout à fait innocent.

Laissons cette facétie, et venons au fait.

En novembre 1870, en pleine invasion, la misère était extrême à Bonnétable. Les ouvriers étaient sans travail, il fallait leur en donner. M. Girard, d'accord avec le Conseil municipal, fit faire des travaux sur le chemin rural dit de *Haute-Folie*.

L'*Union* le lui reproche.

Les travaux, suivant-elle, étaient inutiles.

Ils ne pouvaient profiter qu'à un petit nombre de propriétaires.

Il aurait mieux valu faire travailler à la rue de la Gare.

Tel était l'avis de M. le préfet Lechevalier, dont l'*Union* cite une lettre adressée au maire.

Il est remarquable et rare de voir l'*Union* approuver un Préfet républicain.

Mais si l'*Union* s'était mieux renseignée, elle aurait su pourquoi les travaux avaient été faits sur le chemin de *Haute-Folie* et non sur la rue de la Gare.

Les raisons qui ont dicté le choix de la Commission municipale sont énoncées dans le procès-verbal de la séance du 5 novembre 1870.

Après avoir relaté la lettre du Préfet, le procès-verbal continue ainsi :

La lecture de cette lettre provoque une longue discussion que nous résumons dans les conclusions suivantes :

Si la Commission municipale eût trouvé dans l'exécution de la rue d'accès à la gare les éléments du travail que réclament d'urgence les nombreux ouvriers inoccupés, nul doute qu'elle n'eût demandé avec empressement l'autorisation nécessaire pour commencer immédiatement les travaux. Mais telle n'est pas la situation. Cette rue d'accès à la gare, dont la Commission est loin de méconnaître l'utilité et que la commune de Bonnétable pourra toujours entreprendre à son heure avec les ressources de ses budgets ultérieurs, était subordonnée, quant à son établissement, à la construction préalable de la *gare dont le plan peut toujours être modifié*, et cette considération était déjà suffisante pour imposer à la Commission administrative la nécessité absolue d'ajourner tout travail sur cette voie projetée.

Cette rue, d'ailleurs, même aux yeux de l'ancienne administration ne devrait être entreprise qu'après la construction du bâtiment de la gare.

Mais, alors même que les malheurs de la guerre n'eussent pas interrompu tout travail sur notre chemin de fer et que notre gare fût en voie de construction, la commission municipale était loin de trouver là le chantier nécessaire pour occuper ses ouvriers.

Sans parler des difficultés ni des longueurs forcées de l'enquête qui n'a pas été commencée, ni des conditions d'acquisition des terrains dont la dépense n'est pas prévue sur le devis, et même en admettant que les propriétaires en feraient généreusement l'abandon à la Ville, ce qui est loin d'être établi, puisque la délibération du conseil municipal est muette à cet égard, nous devrons constater d'abord que les quatre cinquièmes des terrains portés sur le devis *appartiennent à la Compagnie du chemin de fer* qui, sans aucun doute, ne les a point achetés dans le but de les céder à la commune, mais bien de s'en servir pour constructions ou pour annexes à la gare de Bonnétable, et ensuite que l'ouverture de cette voie n'eût donné aucun travail à nos ouvriers, puisque la *totalité des terrassements sera forcément l'œuvre du chemin de fer.*

Quels sont en effet les travaux de cette rue constatés par le devis :

1° Un remblai énorme comprenant 2,700 mètres de terre à apporter;

2° Un empierrement nécessitant l'emploi de 1,067 mètres de grave. Or, comme il est impossible de se procurer sur les lieux ou dans le voisinage la terre nécessaire pour le remblai, on se trouverait dans la nécessité de la faire apporter par les wagons qui la prendraient sur des terrains appartenant à la Compagnie et servant pour le ballast. Le but que se proposait la Commission municipale, c'est-à-dire donner de l'ouvrage à tous nos ouvriers dans le chômage ne pouvait donc être atteint dans l'exécution des voies d'accès à la gare, et telles sont les causes qui l'ont amenée à chercher ailleurs un autre chantier. Ce chantier, la Commission pense l'avoir trouvé avec toutes les conditions désirables dans le classement en route vicinale du chemin *rural de Haute-Folie*, qu'elle a demandé dans sa séance du 17 octobre 1870.

L'utilité de cette voie, qui relie la route nationale n° 138 *bis* au chemin vicinal de l'Ermitage et qui traverse trente-cinq propriétés riveraines et en dessert une foule d'autres, est incontestable, et l'abandon des terrains *de la part des propriétaires nous est assuré en même temps que des subventions de leur part.*

Mais ce ne sont ni cette utilité reconnue ni les *libéralités des propriétaires* riverains qui l'ont fait accepter par la Commission; c'est uniquement parce qu'il remplit surtout le but qu'elle se propose, c'est-à-dire occuper un grand nombre d'ouvriers, et il résulte de l'étude préalable qui a été faite de cette voie, que tous les matériaux nécessaires à sa construction, pour les remblais et les pierrements, seront fournis par les terrassements; c'est ce que le devis établira, si M. le préfet veut bien nous accorder l'autorisation de son classement en route vicinale, que la Commission municipale est unanime pour demander avec une respectueuse insistance, en même temps que la faculté de consacrer au paiement des travaux la somme de 6,127 fr. 20 c. résultant des crédits sans emploi et non épuisés, qui figurent sur le budget de 1870 et dont le détail a été fourni par la délibération du 17 octobre dernier.

A l'égard de cette somme de 6,127 fr. 20 c. que M. le Préfet considère, dans sa lettre, comme prise uniquement sur le crédit voté pour la rue d'accès à la gare, il est bon de rappeler que le chapitre du budget, relativement à cette rue, est de 4,000 francs seulement, et que les 2,127 fr. 20 c. complémentaires résultent d'économies prélevées sur différents chapitres du budget, conformément au tableau qui en a été dressé.

Ces raisons convertiront-elles l'*Union* et ses correspondants ?

Elles avaient converti M. le Préfet.

Nous sommes certains que le Tribunal les jugera assez sérieuses pour qu'il ne subsiste rien des accusations de l'*Union*.

DEUXIÈME FAIT.

Réquisition de la voiture de M. Girard, paiement de cette voiture sur l'emprunt contracté pour payer les réquisitions.

Voilà le fait important, celui sur lequel M. Girard ne peut admettre qu'aucune obscurité subsiste.

L'imputation calomnieuse de l'*Union* se formule ainsi :

M. Girard, étant maire, s'est fait payer intégralement la valeur de sa voiture réquisitionnée par les Prussiens, tandis que les autres habitants de la ville ne recevaient que 20 ou 25 p. 100 des pertes qu'ils avaient subies.

Imputation odieuse, imaginée par quelque ennemi sans scrupule, accueillie avec ardeur par l'*Union*, dont elle servait les haines politiques.

Voyons les faits. Ils sont authentiquement constatés :

Au mois de janvier 1871, l'armée allemande envahit Bonnétable, après un échange de coups de fusil avec les francs-tireurs de Marolles.

Pendant trois jours, les troupes pillèrent, faisant main-basse sur ce qui était à leur convenance.

Le général s'installa chez M. Girard et s'empara de toute la maison, de telle sorte que le maire fut obligé d'aller coucher chez un voisin.

Le quatrième jour, après le départ du général, M. Girard s'adressa au commandant de place qui l'avait remplacé, obtint la cessation du pillage et l'ordre d'adresser au maire toutes les réquisitions.

Ce fut un grand bonheur pour la ville.

Le 15 janvier 1871, les officiers prussiens réquisitionnèrent une voiture à quatre roues.

M. Girard fit réquisitionner sa voiture.

Le bon de réquisition fut signé par l'adjoint, M. Paumier.

Il est aux archives de la mairie.

Il est ainsi conçu :

Bon pour réquisition d'une voiture à quatre roues et un harnais, à fournir par M. Girard (Eugène), propriétaire rue Saint-Nicolas.

Mairie, le 15 janvier 1871.

Pour le Maire empêché,

L'Adjoint,

PAUMIER.

M. Girard aurait pu faire réquisitionner une autre voiture. De son consentement la sienne fut réquisitionnée. Il semble que ce choix ne peut lui être reproché, au contraire.

La voiture ne revint pas. M. Girard la fit chercher inutilement.

Le 15 août 1872, il recevait de M. Chéreau, commissionné par l'administration, la lettre suivante :

Monsieur Girard,

Je crois que votre voiture est en ma possession. Je ne puis pas vous l'affirmer parce qu'elle a été transformée, d'après le signalement que vous m'avez remis. Tout porte à croire que c'est elle. Je vous engage à venir de suite la voir.

Mon hôtel est *au Croissant*, chez M. Le Breton, à Bouloire.

Recevez, etc.

CHÉREAU.

M. Girard envoya M. Aubert, carrossier au Mans, pour reconnaître la voiture. Ce n'était pas elle.

M. Aubert a donné l'attestation suivante :

Je soussigné, Aubert, carrossier au Mans, déclare que le 2 septembre 1872, j'ai été chargé par M. Girard d'aller à Bouloire pour voir une voiture de réquisition délaissée par les Allemands et reconnaître si c'était celle que je lui avais moi-même vendue. J'ajoute qu'après examen je reconnus que cette voiture n'était pas celle de M. Girard.

Le Mans, le 2 juillet 1874,

AUBERT.

La voiture a donc été perdue.

Voyons maintenant si, en indemnisant M. Girard de cette perte, la commune lui a fait une situation privilégiée, ou si elle n'a fait, vis à-vis de lui, que ce qu'elle a fait à l'égard de tous les habitants réquisitionnés, et ce qu'elle était strictement obligée à faire.

Les principes en cette matière sont parfaitement certains et déterminés par la jurisprudence.

L'habitant qui fait une fourniture à l'ennemi, sur la réquisition de l'autorité municipale, paye la dette de la commune, agit dans l'intérêt commun, et devient par cela même créancier de la commune qui doit l'indemniser.

Ce principe de droit et d'équité a été consacré par les arrêts de la Cour de cassation des **31** mars **1873**, **13** mai **1873**, **14** mai **1873** (S, V. 73. 2, 311), et **2** juin **1874**. (*Droit* du **19** juin.)

La Cour de cassation n'a fait, sur ce point, que consacrer la jurisprudence des Cours d'appel, attestée par les arrêts de la Cour de Rouen, 30 janvier 1872 (S. V. 72, 2. 188); de la Cour d'Orléans, 8 mars 1872 (S. V. *ibid.*); de la Cour d'Angers, 20 juin 1872 (S. V. 72. 2. 227); de la Cour de Paris, 16 juin 1874 (*Droit* du 21 juin.)

Plusieurs de ces arrêts sont intervenus dans des circonstances identiquement semblables à celles qui nous occupent.

On n'a, pour s'en convaincre, qu'à lire le jugement suivant, rendu, le 30 août 1871, par le Tribunal de Gien, et confirmé par arrêt de la Cour d'appel d'Orléans, du 8 mars 1872.

« Attendu que c'est à la ville de Gien que l'autorité prussienne a adressé la *réquisition d'un cheval et d'une voiture* pour conduire M. le sous-préfet prisonnier à Orléans; — que ce fait est entièrement conforme aux habitudes de l'autorité prussienne, qui ne connaissait que les villes et ne s'adressait qu'à elles pour se procurer les choses qu'elle voulait se faire livrer; — attendu qu'il est également certain que c'est au nom de la mairie que Leclerc, tambour de la ville, s'est présenté chez Chirade et a requis son cheval ainsi que le coupé et les harnais déposés chez Réméné; — attendu que si la réquisition prussienne n'a pas été faite au maire personnellement, cette circonstance, qui s'explique par le fait que le maire était à ce moment retenu prisonnier chez lui, ne saurait écarter la responsabilité de la ville; que la ville n'en était pas moins tenue de fournir aux Prussiens le cheval et la voiture qu'ils exigeaient, et qu'*elle doit indemniser celui qui a rempli, pour elle et en son nom, l'obligation qui lui incombait.* »

Même affaire à Charleville.

Le Tribunal, par jugement du 24 août 1872 :

Considérant que le demandeur justifie avoir fourni, à la réquisition du maire, *une voiture* attelée d'un cheval et son conducteur pour le service d'un officier prussien qui, arrivé à Épinal, a renvoyé au bout de huit jours le conducteur, en conservant le cheval et la voiture.....

Condamne la commune de Vandesse à payer le cheval et la voiture.

La commune se pourvut en cassation.

Mais son pourvoi fut rejeté par arrêt de la Chambre des requêtes, du 14 mai 1873.

Enfin, le Tribunal du Mans a posé, avec raison, les mêmes principes dans son jugement du 12 décembre 1871 (Aff. Desportes et Dallemagne contre la Ville du Mans), dans les termes suivants, dont la précision ne laisse rien à désirer :

« Il est, en principe, incontestable que l'habitant d'une ville qui, pour se soustraire, en même temps que les autres, aux mesures de rigueur dont ils sont tous collectivement menacés, s'impose ou subit, de la part de l'ennemi, un dommage dépassant sa part contributive dans le malheur commun, a contre la commune une action *quasi ex contractu* ou tout au moins *de in rem verso*, pour se faire indemniser de la perte qu'il souffre. »

Ce sont ces principes incontestables qui ont été appliqués à Bonnétable, non-seulemeut à M. Girard, mais à tous les habitants réquisitionnés.

Dans la séance du 7 août 1871, le Conseil municipal nomma une Commission de quatre membres, *à l'effet de vérifier et d'arrêter définitivement les comptes de réquisition.*

MM. Tison, Paumier, Bigot-Cosnard et Bois-Bouton furent élus membres de cette Commission.

Le travail de la Commission fut soumis, le 14 août 1871, au Conseil municipal et aux plus imposés.

Le procès-verbal le constata en ces termes :

« Le maire a *donné connaissance du résultat de l'examen de la commission nommée pour vérifier et arrêter définitivement la dette contractée par la commune envers les réquisitionnés :*

Pour les réquisitions diverses	39.544 »
Pour les fournitures aux ambulances	4.225 98
TOTAL	43.769 98
Et il a proposé d'ajouter à cette somme celle de provenant des distributions de pain faites aux indigents par les boulangers de la ville depuis le 9 octobre 1870 jusqu'au 4 juin 1871.	7.203 29
TOTAL	50.973 27

Le rapport de la Commission d'examen ne donna lieu à aucune observation.

La proposition faite par le Maire d'emprunter 50,000 francs, remboursables au moyen de 15 centimes additionnels sur les quatre contributions pendant douze ans, donna lieu, au contraire, à une vive discussion, mais fut adoptée par le Conseil.

Le lendemain du vote, M. Cohin, vétérinaire, membre du Conseil, écrivit au Maire pour protester contre la décision du Conseil, parce que six seulement des plus imposés avaient assisté au Conseil, quoique tous eussent été convoqués. Dans sa lettre, dont il réclama l'insertion au procès-verbal, il soutenait qu'il fallait attendre la répartition des secours accordés par le Gouvernement aux communes envahies avant de voter l'emprunt.

A la séance du 22 octobre 1871, la question fut de nouveau mise en délibération.

M. Cohin, vétérinaire, combattit le projet d'emprunt, demandant qu'on attendît la répartition des 100 millions votés par l'Assemblée nationale, par la loi du 6 septembre 1871.

Il lui fut répondu que les habitants réquisitionnés n'avaient déjà que trop attendu ; que plusieurs étaient dans la gêne.

Un emprunt de 46,500 francs fut mis aux voix, au scrutin secret.

Le vote donna le résultat suivant : pour l'emprunt, 13 voix ; — contre, 2 ; — 1 abstention.

Nouvelle réunion du Conseil le 5 novembre 1871, avec les plus imposés.

Une nouvelle idée surgit.

Un membre demanda que l'emprunt fût élevé au taux nécessaire pour indemniser les victimes du pillage.

C'était mettre à la charge de la commune une somme très-considérable qu'elle ne devait pas.

Il est de principe, en effet, que les communes ne sont responsables du pillage que lorsqu'elles n'ont pas pris toutes les mesures qui étaient en leur pouvoir à l'effet de le prévenir. Ce sont les termes mêmes de l'article 5 de la loi du 10 vendémiaire an IV.

Or, l'invasion était un fait de force majeure que la commune n'avait pu ni prévenir ni empêcher.

Aussi une jurisprudence unanime a-t-elle repoussé les réclamations dirigées contre les communes par les victimes du pillage.

Le Tribunal du Mans notamment, dans le jugement du 12 décembre 1871, que nous avons déjà cité, a établi avec raison que les nombreux habitants qui, par l'effet d'incendies, de dégradations, de dégâts et de pillage résultant de l'invasion, ont éprouvé des dommages, n'ont de recours que contre l'État français, dans les limites restreintes fixées par la loi.

Néanmoins, dans cette séance du 5 novembre 1871 du Conseil municipal de Bonnétable, l'idée d'indemniser les victimes du pillage fit assez d'impression pour empêcher de prendre une résolution, et l'impôt proposé ne fut pas voté.

La question ne pouvait en rester là.

Le Conseil municipal, dans la séance du 25 novembre 1871, vota, par 16 voix contre 1, la convocation des plus imposés pour délibérer à nouveau sur le projet d'emprunt, en exprimant l'intention de réserver aux victimes du pillage tous les secours que la commune recevrait du Gouvernement.

Le 10 décembre 1871, nouvelle réunion du Conseil, assisté des plus imposés.

L'emprunt de 46,500 francs est voté, ainsi que les 15 centimes par franc pour l'amortissement.

Le Conseil demande, en outre, que les secours alloués par l'État pour faits de l'invasion soient délivrés aux victimes du pillage.

Nouveau vote du Conseil en ce sens, le 17 janvier 1872.

Le 17 mars 1872, le Conseil, assisté des plus imposés, vote les 15 centimes additionnels à *22 voix contre 1*, sur vingt-trois membres présents.

C'est en vertu de ce vote, approuvé par l'autorité supérieure, que l'emprunt a été contracté.

Il a servi à payer les réquisitions.

M. Girard a été alors payé, comme tous les réquisitionnés, suivant l'estimation de la Commission. Il a reçu, pour sa voiture, 1,250 francs.

Comment un fait si simple, si régulier, si juste pouvait-il donner prise à la calomnie?

Il faut que les haines locales et les animosités politiques soient bien ardentes pour avoir pensé à s'en faire une arme.

Lorsque M. Girard eut cessé d'être maire, il sut qu'on s'adressait sourdement aux mauvaises passions. On s'apitoyait sur le sort des malheureuses victimes du pillage; on mettait en parallèle celui du maire, du propriétaire, du riche dont la voiture, voiture de luxe, avait été intégralement payée!

Il méprisa ces sourdes menées, mais il les connut et il en souffrit.

Un jour enfin elles osèrent se produire au Conseil municipal.

Ce fut à la séance du 11 mai 1874, dont voici le procès verbal :

L'an mil huit cent soixante-quatorze, le onze mai, à sept heures et demie du soir,

Les Membres du Conseil municipal se sont réunis au lieu ordinaire de leurs séances, sur la convocation et sous la présidence de M. Gourdeau, maire.

Etaient présents : MM. Gourdeau, maire, Lauzanne, deuxième adjoint, n'ayant pas voix délibérative, Girard, Paumier, Pannard, Guérin, Plessix, Cohin, vétérinaire, Touchard, Clin, Dugrais, Desmazis, Bois-Bouton, Cohin, mécanicien, Morin.

Etaient absents : MM. Lecomte, Berreau, Garreau, Bois, premier adjoint, Tison, ces deux derniers malades et excusés.

M. Cohin, vétérinaire. — Je demande à adresser une question à M. Girard, et je désire que ma demande soit insérée au procès-verbal. Voici ma question : Pourquoi M. Girard a-t-il porté sa voiture au nombre des réquisitions faites par le maire ?

Le Président (M. Gourdeau). — J'ai entendu plusieurs personnes m'adresser la même demande.

M. Girard. — On entend tout ce qu'on veut. Puis s'adressant directement à

M. Cohin : — Je remercie M. Cohin d'avoir bien voulu porter au grand jour cette accusation; ma réponse sera bien simple : ma voiture a été portée aux réquisitions parce qu'elle a été réquisitionnée, c'était la seconde fois qu'elle l'était; ces faits se sont passés dans les sept premiers jours de l'invasion, au moment où tout le monde restait chez soi, au moment où le commandant de place, avec un aide de camp, logeaient chez moi. Une première fois, ai-je dit, ma voiture a été réquisitionnée pour un officier blessé, soigné au château ; elle a été ramenée chez M. Bazoge de la *Tête-Noire*, où je l'ai fait prendre et remiser chez moi; deux jours après, elle a été réquisitionnée pour deux nouveaux officiers allemands. J'ai réquisitionné pour être attelé à ma voiture le cheval de M. Desmazis ,expert, et c'est M. Courcier (François), garçon d'écurie à la *Corne*, qui a conduit à la Ferté-Bernard, puis à Chartres, ces deux officiers. Le bon de réquisition pour ma voiture est signé par M. Paumier, premier adjoint, et ce bon est à nos archives; le bon de réquisition du cheval de M. Desmazis est signé par moi et est également à nos archives.

Une commission dans le sein du conseil municipal a été nommée pour vérifier ces réquisitions; elle a fait son rapport, et le conseil par un vote unanime, a sanctionné ses décisions. — Nos procès-verbaux relatent tous ces faits. Voilà pourquoi la voiture de M. Girard a été payée sur l'emprunt municipal comme toutes les autres réquisitions. Au reste, bien d'autres voitures ont été réquisitionnées : celles de MM. Mouton et Pannard, celle de Mme veuve Dugrais ; celle de M. Bergéot, messager, et si l'une de ces voitures avait été gardée par les Allemands, il aurait bien fallu la payer; aussi j'ajoute que dans le courant de février 1871, ayant cru reconnaître ma voiture dans la cour du *Lion-d'Or*, j'ai prié l'officier supérieur des cuirassiers de vouloir bien me la rendre; il me refusa net.

Un membre. — On devrait remercier M. Girard d'avoir, de préférence, réquisitionné sa voiture au lieu de réquisitionner celle de M. Cohin, ou celle de M. Gourdeau, par exemple.

Un autre membre. — Pourquoi M. Cohin a-t-il attendu si longtemps pour formuler cette question ?

Les adversaires de M. Girard ne sont pas faciles à décourager.

A la séance du 18 mai 1874, la question fut reprise.

Voici le procès-verbal :

Sur le bureau du maire sont placés :

1° L'inventaire ;

2° Les bons des réquisitions faites par l'ancien maire, M. Girard.

M. Girard fait passer sous les yeux du Conseil le bon de réquisition de sa voiture, signé par M. Paumier, premier adjoint ; il constate en outre que, sur l'inventaire, M. Gourdeau, maire actuel, a reconnu avoir reçu de M. Girard, ancien maire, tous les bons de réquisitions.

M. Girard donne au Conseil lecture :

1° De la délibération du 7 août 1871, dans laquelle sont nommés les quatre commissaires chargés de vérifier les réquisitions du maire ;

2° De la délibération du 14 août 1871, contenant le rapport de la Commission de vérification, et l'approbation de son travail par le Conseil et les plus imposés.

Après cette lecture, le Président prie le Secrétaire de donner au Conseil connaissance du procès-verbal de la séance du 11 mai 1874.

Lecture entendue, M. Cohin, vétérinaire, demande la parole et se plaint de ce que le procès-verbal a reproduit peu fidèlement ce qu'il a dit. Presque toutes les assertions de M. Cohin sont contestées, presque tous ses souvenirs sont considérés comme erronés par la presque unanimité du Conseil, surtout lorsqu'il s'efforce de prouver que M. Girard a refusé de répondre à sa question en prononçant ces mots :

Je n'ai rien à dire, consultez nos procès-verbaux et vous serez édifiés.

En résumé, M. Cohin est prié de rédiger par écrit ses observations, le Conseil se réservant le droit de contrôler ses affirmations.

. . . .

Un membre propose de nommer dans le sein du Conseil une commission ayant pour but de faire une enquête générale, tant sur ceux qui ont subi les réquisitions du maire pendant l'invasion allemande, que sur ceux qui ont refusé de subir ces réquisitions.

On passe au scrutin. Sur 17 votants sont nommés : M. Cohin, vétérinaire, par 14 voix ; M. Pannard, par 12 voix ; M. Girard, par 9 voix.

Au deuxième tour du scrutin, M. Guérin est élu par 14 voix.

A la suite de ce procès-verbal, on a inséré les observations de M. Cohin dont le Conseil lui a laissé la responsabilité.

OBSERVATIONS DE M. COHIN, VÉTÉRINAIRE, SUR LE PROCÈS-VERBAL DU 11 MARS 1874

M. Cohin, vétérinaire, demande la parole pour une rectification au procès-verbal de la dernière séance ; il est surpris de ne pas voir ses paroles reproduites ; aussi vient-il en demander l'insertion au procès-verbal d'aujourd'hui.

Voici mes paroles prononcées dans la séance du 11.

« J'aurais des explications à demander à M. Girard sur une somme de 1,250 francs qu'il aurait touchée pour prix d'une voiture réquisitionnée et pillée par les Allemands.

« M. Girard a-t-il donné la voiture comme réquisition ou comme tant d'autres, n'a-t-il point été forcé de s'en dessaisir ?

« L'opinion publique désirerait avoir des explications à ce sujet. »

M. Girard m'ayant répondu qu'il n'avait pas d'explications à me donner, c'est alors que je demandai l'insertion au procès-verbal de mes dires et de la réponse de M. Girard, *qui finit par donner les renseignements inscrits au procès-verbal.*

Dans l'intervalle des deux séances, le 17 mai, avait paru l'article odieux de l'*Union de la Sarthe*.

On peut juger dès lors quel avait été l'inspirateur de cet article et quel en était le but.

Il nous semble que cet exposé suffit et que jamais la calomnie n'a été plus honteusement prise en flagrant délit.

§ 2.

Le *journal est-il en faute* pour avoir prêté sa publicité à l'attaque injuste dont M. Girard était l'objet?

Il serait superflu d'insister sur ce point.

S'il suffit qu'une accusation soit portée contre un homme désigné au journaliste comme un adversaire politique, pour que ce journaliste ait le droit de publier cette accusation fausse sous la forme la plus insultante, il n'y a plus de garanties pour la considération, pour l'honneur des citoyens.

L'*Union* dira-t-elle qu'elle a été de bonne foi, qu'elle a été trompée par ses correspondants?

Elle est en faute pour les avoir mal choisis; elle a pris la responsabilité de leur calomnie, elle doit la subir.

§ 3.

Le préjudice causé à M. Girard est également évident.

C'est au Tribunal qu'il appartient de le réparer.

C'est avant tout un intérêt moral qui est en jeu dans le procès qui lui est soumis.

La protection de la justice doit s'étendre sur l'honneur des citoyens comme sur le plus précieux de leurs biens.

Emile DURIER,
Avocat à la Cour d'appel de Paris.

CORDELET, *Avoué.*

45958 Paris. — Typographie Vve Renou, Maulde et Cock, rue de Rivoli, 144.

www.ingramcontent.com/pod-product-compliance
Ingram Content Group UK Ltd.
Pitfield, Milton Keynes, MK11 3LW, UK
UKHW021032200726
13857UKWH00004B/1704